에게
찾아오는 감정은
모두 소중해.
왜 찾아오는지 귀를 잘 기울여 봐.
그럼 감정들도 친절하게
너를 도와줄 거야.

감정의 이름과 감정을
건강하게 받아들이는 법을
손으로 써 보는 책이에요.
글씨를 쓰면서
마음과 대화를 나누고
어려운 감정과도
친해지는 시간을 가져 봐요.

《감정에 이름을 붙여 봐》의 45가지 감정을
읽으며 함께 따라 써도 좋아요.

내 기분을 말하는 45가지 단어

감정에 이름 을 붙여 봐

따라 쓰기

이라일라 글 | 박현주 그림

파스텔하우스

모든 **감정**과
사이좋은 친구가 되는 법

매일매일 내 마음에 찾아오는
감정은 정말 많아요.
그 감정들의 정확한 이름을 쓰며 익혀 봐요.
그럼 마음을 표현하기가 훨씬 편해지거든요.

혹시 화가 몹시 나서 마음이 힘들었던 적 있나요?
감정은 기분 좋게 느껴지는 것들도 있지만
이처럼 힘들게 느껴지는 것들도 있어요.
하지만 힘들게 느껴지는 감정이라고
쓸모없는 건 아니지요.

감정은 저마다 할 일이 있어서 나를 찾아오거든요.
무슨 일을 하는지, 나를 어떻게 도와주는지
이 책으로 쓰면서 마음에 새겨 봐요.

감정이 모두 소중하다는 걸 알게 될 거예요!
어떤 감정이 찾아와도 반갑게 맞을 수 있지요.
그럼 감정도 내가 아름답고 단단하게
자랄 수 있도록 든든한 지킴이가 되어 줄 거랍니다.

모든 어린이들이 모든 감정과 친해지길 바라며
– 이라일라

감정의 이름 45가지

여러 가지 감정의 정확한 이름을 적고,
모든 감정들과 사이좋게 지내는 방법을 따라 써요!

혼자 울고 있는데
친구가 와 줬어.

감동했어.

감동은 따뜻한 게 마음에 콩 닿는 느낌의 감정이야.

친구가 힘들어하면

친구가 힘들어하면

"괜찮아?" 하고 물어봐.

"괜찮아?" 하고 물어봐.

친구를 언제나 감동시키는

친구를 언제나 감동시키는

마법의 말이니까.

마법의 말이니까.

동생이 넘어졌어.
피가 많이 나.

걱정스러워.

걱정은 마음이 안 놓여서 편하지 않은 감정이야.

걱정이 되어서 힘들다고?

걱정이 되어서 힘들다고?

하지만 걱정도 쓸모가 있어.

하지만 걱정도 쓸모가 있어.

걱정하면 조심하게 되니까

걱정하면 조심하게 되니까

더 안전해질 수 있거든.

더 안전해질 수 있거든.

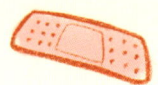

친구가 우산을
빌려주었어.

고마움은 도움을 받아서 기분 좋은 감정이야.

우리는 남들에게

우리는 남들에게

매일 도움을 받으며 살아.

매일 도움을 받으며 살아.

"고마워!" 말할 때마다

"고마워!" 말할 때마다

받는 게 참 많다는 걸 알게 되지.

받는 게 참 많다는 걸 알게 되지.

궁금함은 무언가를 알고 싶어 하는 감정이야.

세상에는 내가 모르는

세상에는 내가 모르는

신비로운 것이 많아.

신비로운 것이 많아.

궁금하면 질문을 많이 해 봐.

궁금하면 질문을 많이 해 봐.

공부하게 되고 결국 알게 돼!

공부하게 되고 결국 알게 돼!

할머니가
많이 생각나.

그리워.

그리움은 누군가가 아주 보고 싶은 감정이야.

보고 싶은 사람이 있으면

보고 싶은 사람이 있으면

마음껏 그리워해도 괜찮아.

마음껏 그리워해도 괜찮아.

텅 빈 마음을 그 사람으로

텅 빈 마음을 그 사람으로

빈틈없이 채워 줄 거야.

빈틈없이 채워 줄 거야.

기쁨은 바라는 일이 이루어져서 즐거운 감정이야.

기쁘면 웃음이 나.

기쁘면 웃음이 나.

그럼 마음껏 웃어.

그럼 마음껏 웃어.

웃을수록 기쁨은 더 커져서

웃을수록 기쁨은 더 커져서

다른 사람에게까지 가닿지.

다른 사람에게까지 가닿지.

누가 따라오는 거 같아.
이게 뭐야?
깜짝

놀랐어.

놀람은 갑작스러운 일 때문에 두근대는 감정이야.

누가 뒤에서 소리치면

누가 뒤에서 소리치면

눈이 번쩍! 깜짝 놀랄 거야.

눈이 번쩍! 깜짝 놀랄 거야.

주변을 살펴서 나를 지키려는

주변을 살펴서 나를 지키려는

수호천사 같은 감정이지.

수호천사 같은 감정이지.

우리 선생님은
언제나

다정해.

다정함은 따스한 마음이 살며시 전해지는 거야.

따뜻한 미소와 눈빛으로

따뜻한 미소와 눈빛으로

사람들을 바라보렴.

사람들을 바라보렴.

내 마음속 다정함을

내 마음속 다정함을

선물할 수 있어.

선물할 수 있어.

당황은 놀라서 어쩔 줄 모르는 마음이야.

당황하면 순간, "어떡해!"

당황하면 순간, "어떡해!"

생각이 엉킬 수 있어.

생각이 엉킬 수 있어.

숨을 "후." 크게 몇 번 쉬어.

숨을 "후." 크게 몇 번 쉬어.

생각이 차근차근 풀릴 거야.

생각이 차근차근 풀릴 거야.

예방 주사를
맞는 날이야.

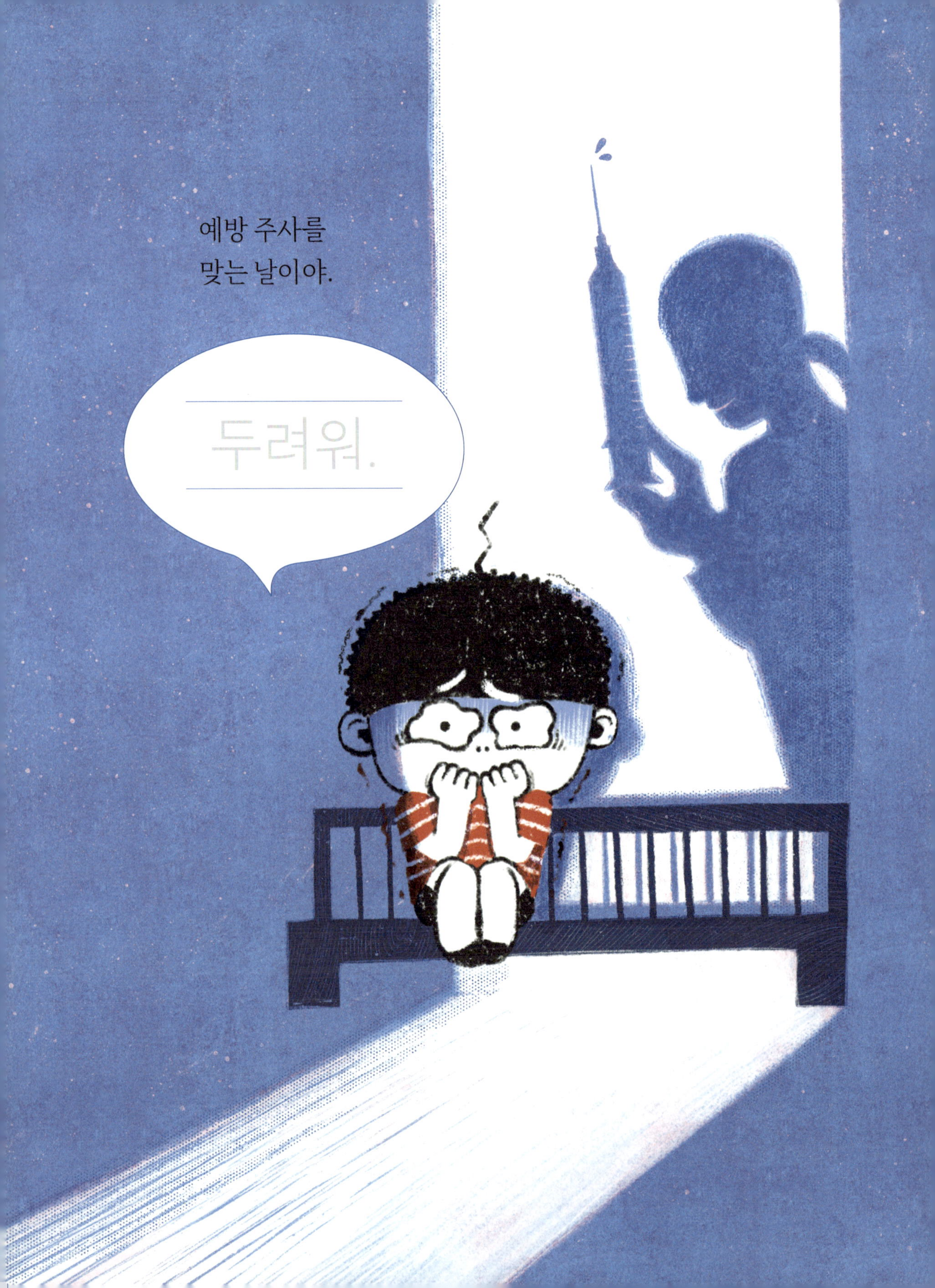

두려움은 무서워서 걱정스러운 감정이야.

예방 주사를 맞는 건 두렵지만

예방 주사를 맞는 건 두렵지만

나에게 꼭 필요한 일이야.

나에게 꼭 필요한 일이야.

그런 일이라면 두려워도

그런 일이라면 두려워도

용기를 내 봐!

용기를 내 봐!

두 개니까
나눠 먹을까?
나는 하나만 먹어도
충분히

만족해.

만족은 부족함이 없어서 기분 좋은 감정이야.

"난 하나밖에 없어."보다

"난 하나밖에 없어."보다

"난 하나는 있어." 해 봐.

"난 하나는 있어." 해 봐.

똑같이 하나가 있어도

똑같이 하나가 있어도

만족하면 마음이 든든해져.

만족하면 마음이 든든해져.

공놀이하다가 친구가 맞았어.

미안함은 남에게 잘못해서 편하지 않은 감정이야.

친구에게 잘못했다면

친구에게 잘못했다면

"미안해." 바로 사과해 봐.

"미안해." 바로 사과해 봐.

핑계 대는 것보다

핑계 대는 것보다

훨씬 용감하고 멋지니까.

훨씬 용감하고 멋지니까.

동생은 맨날
내 걸 갖겠다고
떼를 써.
정말

미움은 어떤 사람이 마음에 들지 않는 감정이야.

동생 마음과 내 마음은 달라.

동생 마음과 내 마음은 달라.

서로 마음대로만 하면

서로 마음대로만 하면

마음이 꽝 부딪혀서 미워지지.

마음이 꽝 부딪혀서 미워지지.

딱 한 뼘씩만 양보해 봐.

딱 한 뼘씩만 양보해 봐.

무서워도 타 볼래!
연습하면 잘 탈 수 있다고

믿어.

믿음은 꼭 그렇게 될 거라고 여기며 기대는 마음이야.

못할 거 같아서 떨리면

못할 거 같아서 떨리면

"나는 할 수 있어!" 믿어.

"나는 할 수 있어!" 믿어.

끝까지 해 볼 힘을 주거든.

끝까지 해 볼 힘을 주거든.

결국 해낼 수 있게 돼.

결국 해낼 수 있게 돼.

부담은 무거운 짐을 든 것 같은 감정이야.

부담스러운 일이 있다면

부담스러운 일이 있다면

서두르는 대신

서두르는 대신

나누어서 천천히 해 봐.

나누어서 천천히 해 봐.

무거운 마음이 한결 가벼워져.

무거운 마음이 한결 가벼워져.

부러움은 남이 가진 좋은 점을 갖고 싶은 감정이야.

친구의 장점이 부러워?

친구의 장점이 부러워?

나만의 장점도 분명 있어.

나만의 장점도 분명 있어.

그걸 찾아서 키워 봐.

그걸 찾아서 키워 봐.

최고로 멋있어질 거야.

최고로 멋있어질 거야.

불쌍함은 누군가 아파하면 같이 마음이 아픈 거야.

누군가가 불쌍해서

누군가가 불쌍해서

도와주고 싶은 적 있어?

도와주고 싶은 적 있어?

그 마음이 있어서 세상 모두가

그 마음이 있어서 세상 모두가

서로를 아끼고 지킬 수 있어.

서로를 아끼고 지킬 수 있어.

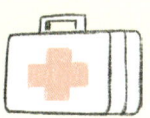

불안은 나쁜 일이 생길까 봐 조마조마한 감정이야.

나쁜 일이 생길 것 같으면

나쁜 일이 생길 것 같으면

조마조마 불안해.

조마조마 불안해.

정신도 바싹 차리게 되지.

정신도 바싹 차리게 되지.

내가 잘 대비하도록 말이야.

내가 잘 대비하도록 말이야.

뿌듯함은 내가 한 일이 멋지다고 느끼는 감정이야.

처음이라 서툴러도

처음이라 서툴러도

끝까지 해내면

끝까지 해내면

뿌듯해서 기분이 정말 좋아.

뿌듯해서 기분이 정말 좋아.

그러니 뭐든 끝까지 해 봐.

그러니 뭐든 끝까지 해 봐.

사랑은 소중하게 여기고 아끼는 마음이야.

사랑은 아무리 주어도

사랑은 아무리 주어도

줄어들지 않아.

줄어들지 않아.

"사랑해!" 아낌없이 줄수록

"사랑해!" 아낌없이 줄수록

마음에서 더 많이 솟아나지.

마음에서 더 많이 솟아나지.

바람이 솔솔 불어와.

상쾌해.

상쾌함은 시원하고 깨끗해지는 느낌이 드는 감정이야.

답답할 때는

답답할 때는

밖에 나가 상쾌한 공기를

밖에 나가 상쾌한 공기를

"흠." 깊이 마셔 봐.

"흠." 깊이 마셔 봐.

몸과 마음이 풀리는 약이니까.

몸과 마음이 풀리는 약이니까.

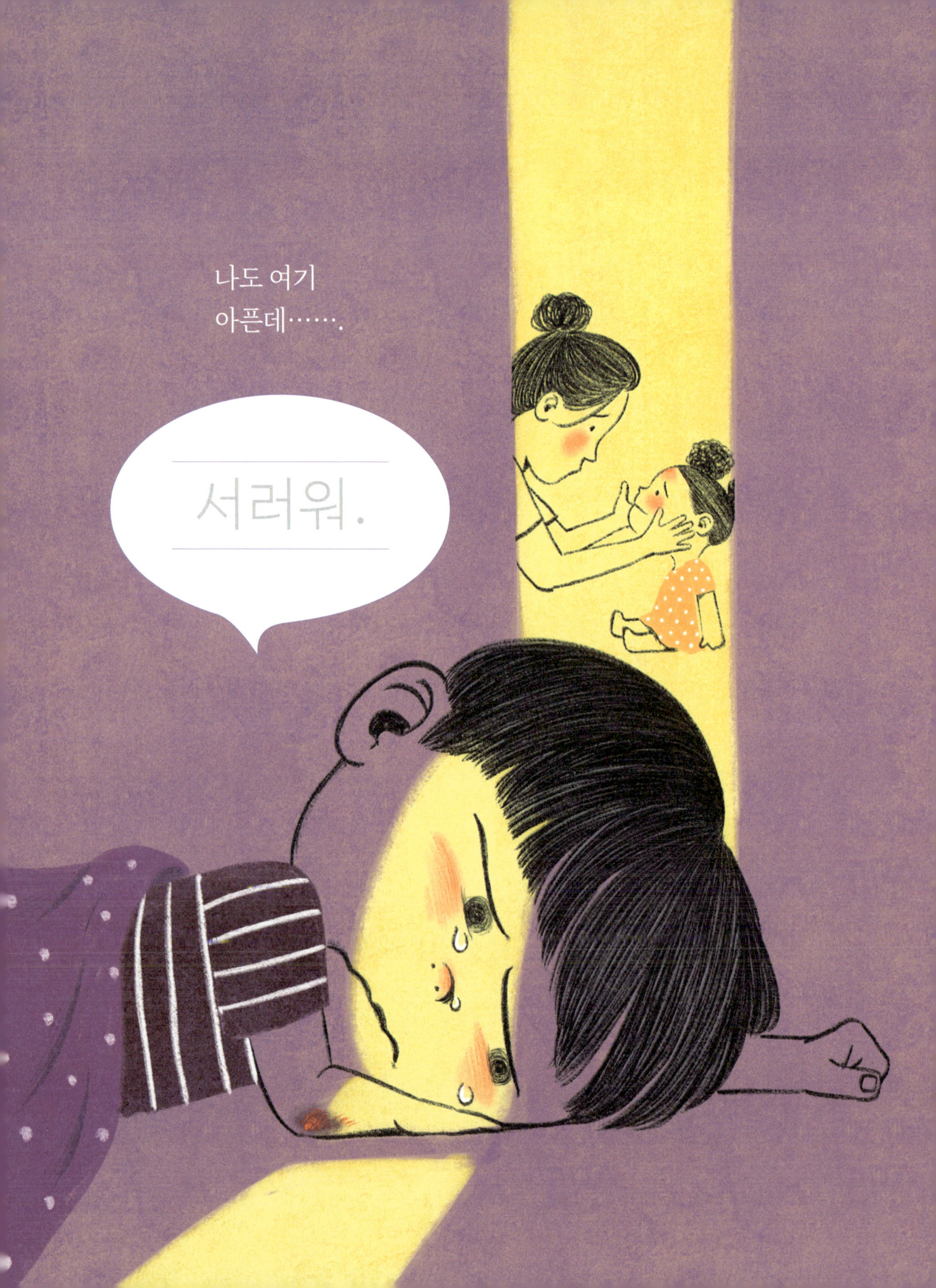
나도 여기
아픈데…….
서러워.

서러움은 마음을 아무도 몰라줘서 속상한 감정이야.

서러운 일이 있는데

서러운 일이 있는데

말하지 않고 참기만 하면

말하지 않고 참기만 하면

아무도 그 마음을 알 수 없어.

아무도 그 마음을 알 수 없어.

"있잖아요." 말을 꺼내 보렴.

"있잖아요." 말을 꺼내 보렴.

수줍음은 사람들 앞에 나서는 게 부끄러운 감정이야.

수줍어서 친구에게 다가가는 데
수줍어서 친구에게 다가가는 데

시간이 걸려도 괜찮아.
시간이 걸려도 괜찮아.

느리지만 조심조심 예의 있게
느리지만 조심조심 예의 있게

다가갈 수 있게 되니까.
다가갈 수 있게 되니까.

제일 친한 친구가
멀리 이사를 갔어.

슬퍼.

슬픔은 어떤 일 때문에 마음이 아픈 거야.

마음이 슬프면

마음이 슬프면

애써 참지 않고 울어도 돼.

애써 참지 않고 울어도 돼.

눈물이 아픈 마음을 살살

눈물이 아픈 마음을 살살

어루만져 조금 편해질 거야.

어루만져 조금 편해질 거야.

신기함은 대단한 걸 봐서 놀라운 느낌이 드는 감정이야.

'대체 어떻게 한 거야?'

'대체 어떻게 한 거야?'

'공부해서 꼭 알아내야지!'

'공부해서 꼭 알아내야지!'

신기해하면 머릿속이 반짝

신기해하면 머릿속이 반짝

어려운 공부도 술술 풀려!

어려운 공부도 술술 풀려!

비가 많이 와서
캠핑을 못 가.

실망했어.

실망은 바라는 대로 안 되어서 속상한 감정이야.

내 마음대로 되지 않는

일이 있으면 실망스러워.

이럴 때는 그 일 대신

다른 일을 찾아서 해도 좋지!

억울함은 잘못이 없는데 꾸중을 들어서 속상한 거야.

억울하면 답답해서

억울하면 답답해서

몸에 불끈 힘이 솟아.

몸에 불끈 힘이 솟아.

그 힘을 차분히 말하는 데 써.

그 힘을 차분히 말하는 데 써.

오해를 바로잡을 수 있게 돼.

오해를 바로잡을 수 있게 돼.

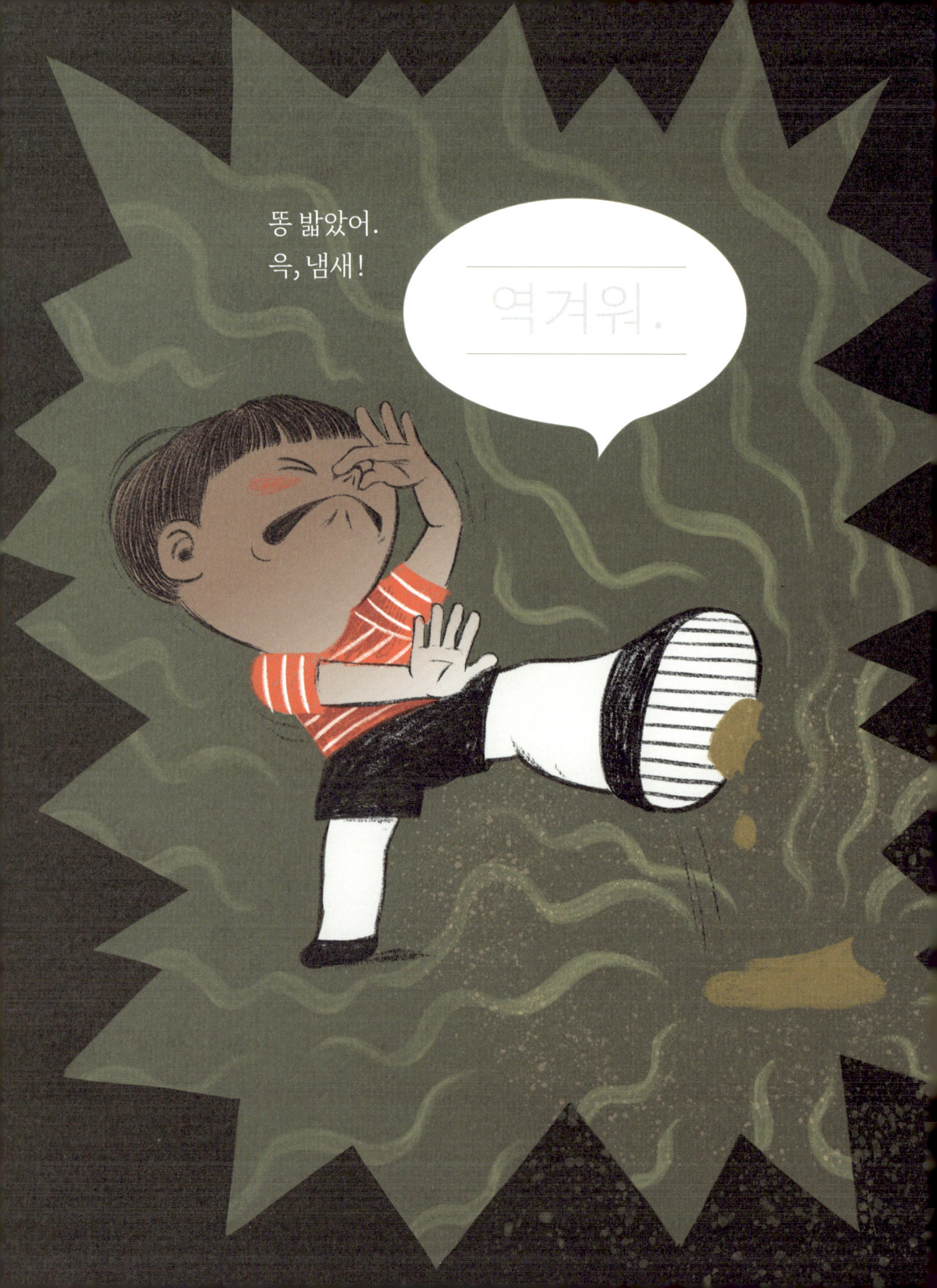
똥 밟았어.
윽, 냄새!
역겨워.

역겨움은 무언가가 정말로 싫은 감정이야.

더럽거나 상한 걸 보면

더럽거나 상한 걸 보면

역겨워서 피하고 싶어져.

역겨워서 피하고 싶어져.

해로운 게 내 몸에 닿지 않게

해로운 게 내 몸에 닿지 않게

지켜 주려는 신호인 거야.

지켜 주려는 신호인 거야.

나는 운동할 때
제일

열정은 어떤 일이 좋아서 마음을 다 쏟는 거야.

열정을 다 쏟을 정도로

열정을 다 쏟을 정도로

좋아하는 일을 찾아봐.

좋아하는 일을 찾아봐.

기운이 빠질 때도 그 일은

기운이 빠질 때도 그 일은

나를 일으키는 응원이 되니까.

나를 일으키는 응원이 되니까.

외로움은 혼자여서 쓸쓸한 감정이야.

혼자여서 외로울 때는

혼자여서 외로울 때는

그림도 그리고 책도 읽으며

그림도 그리고 책도 읽으며

조용히 나를 돌아보렴.

조용히 나를 돌아보렴.

혼자라도 소중한 시간이 돼.

혼자라도 소중한 시간이 돼.

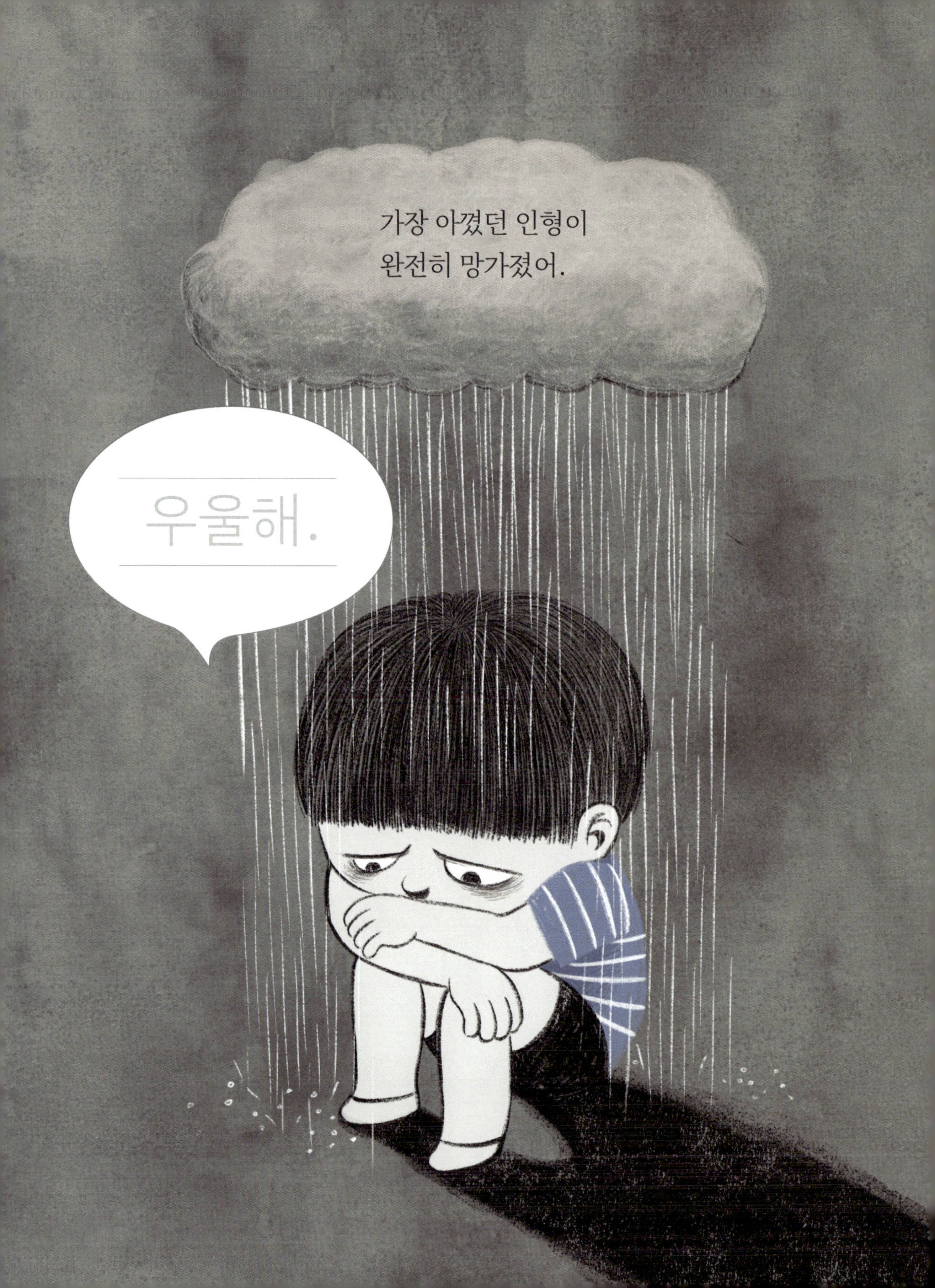
가장 아꼈던 인형이
완전히 망가졌어.
우울해.

우울은 슬프고 답답해서 힘이 나지 않는 감정이야.

마음이 몹시 슬프고 지치면

마음이 몹시 슬프고 지치면

우울해질 수 있어.

우울해질 수 있어.

'마음을 돌봐 줘.' 하는 신호야.

'마음을 돌봐 줘.' 하는 신호야.

두 팔로 나를 꼭 안아 주렴.

두 팔로 나를 꼭 안아 주렴.

키가 많이 컸어!
큰 목소리로

자랑해.

자랑은 다른 사람에게 나를 뽐내고 싶은 감정이야.

자랑하고 싶은 내 모습을

자랑하고 싶은 내 모습을

하나하나 떠올려서 적어 봐.

하나하나 떠올려서 적어 봐.

내 좋은 점을 잘 알면

내 좋은 점을 잘 알면

마음도 어깨도 활짝 펴져.

마음도 어깨도 활짝 펴져.

자신감은 잘할 수 있다고 믿는 마음이야.

'내가 줄넘기 10개를 넘었어!

연습하니 진짜 되네.'

작게 도전해서 자신감을 쌓아 봐.

20개도 금방 할 수 있게 돼.

73

좌절은 생각대로 되지 않아 기운이 빠지는 감정이야.

생각대로 잘 안되면

생각대로 잘 안되면

좌절해서 어깨가 처질 수 있어.

좌절해서 어깨가 처질 수 있어.

그럼 잠시 쉬어 보렴.

그럼 잠시 쉬어 보렴.

도전할 힘이 다시 찾아오거든.

도전할 힘이 다시 찾아오거든.

오빠랑 게임하면
재미있어.
정말

즐거워.

즐거움은 웃음이 나오는 기쁜 마음이야.

즐거우면 깔깔깔 웃고,

즐거우면 깔깔깔 웃고,

신나게 떠들어 봐!

신나게 떠들어 봐!

마음이 샤워를 한 것처럼

마음이 샤워를 한 것처럼

시원해질 거야.

시원해질 거야.

언제까지
기다려야 해?

지루함은 시간이 길게 느껴져서 답답한 감정이야.

잠자코 있어야 하는

잠자코 있어야 하는

지루한 시간도 조금 견뎌 봐.

지루한 시간도 조금 견뎌 봐.

끝나고 다시 놀 때는

끝나고 다시 놀 때는

몇 배로 더 신날 테니까.

몇 배로 더 신날 테니까.

질투는 샘이 나서 누군가가 미워지는 마음이야.

질투가 나는 건 내게 소중한 걸

질투가 나는 건 내게 소중한 걸

빼앗길까 봐 걱정해서야.

빼앗길까 봐 걱정해서야.

"나에게도 소중해요."

"나에게도 소중해요."

바라는 걸 솔직히 말해 보렴.

바라는 걸 솔직히 말해 보렴.

짜증은 어떤 일이 싫어서 참기 힘든 감정이야.

짜증이 날 때, 참으려고

짜증이 날 때, 참으려고

마음을 꾹 누르지 않아도 돼.

마음을 꾹 누르지 않아도 돼.

'마음아, 왜 불편해?' 물어보렴.

'마음아, 왜 불편해?' 물어보렴.

오히려 마음이 누그러들 거야.

오히려 마음이 누그러들 거야.

수업 시간에
방귀를 뀌었어.

창피해.

창피함은 떳떳하지 못하고 부끄러운 마음이야.

실수해서 창피할 때는
실수해서 창피할 때는

움츠러드는 대신 인정해 봐.
움츠러드는 대신 인정해 봐.

"다음에는 조심할게."
"다음에는 조심할게."

나를 더 단정히 가꿀 수 있어.
나를 더 단정히 가꿀 수 있어.

85

포근한 이불 위에
누우면

편안해.

편안함은 아무 걱정이 없어서 기분 좋은 감정이야.

신나게 뛰어놀아서

피곤하면

편안하게 푹 자고 일어나.

다시 반짝 빛나는 내가 될 거야.

포기는 하던 일을 그만하겠다고 마음먹는 거야.

아무리 좋은 운동이라도

아무리 좋은 운동이라도

무리하면 다칠 수 있어.

무리하면 다칠 수 있어.

이럴 때 포기하고 싶은 마음은

이럴 때 포기하고 싶은 마음은

적절히 할 수 있게 도와주지.

적절히 할 수 있게 도와주지.

공원에 왔어.
신나게 놀아.

행복해.

행복은 살아가는 게 기쁘고 즐거운 감정이야.

따뜻한 햇살, 시원한 바람,

따뜻한 햇살, 시원한 바람,

신나는 놀이, 깔깔깔 웃음,

신나는 놀이, 깔깔깔 웃음,

작은 기쁨들을 매일 모아 봐.

작은 기쁨들을 매일 모아 봐.

점점 커다란 행복이 된단다.

점점 커다란 행복이 된단다.

화는 나쁜 기분이 마음에서 터져 나오는 거야.

화는 힘이 센 감정이야.

화는 힘이 센 감정이야.

버럭 내 버리면 큰불이 나듯

버럭 내 버리면 큰불이 나듯

주변에 피해를 줄 수 있지.

주변에 피해를 줄 수 있지.

평화롭게 표현하도록 연습해.

평화롭게 표현하도록 연습해.

게임기를 잃어버렸어.
괜히 가지고 나갔어.

후회해.

후회는 잘못한 일을 되돌리고 싶은 마음이야.

후회가 될 때는

후회가 될 때는

'내가 왜 그랬지?' 탓하기보다

'내가 왜 그랬지?' 탓하기보다

찬찬히 내 행동을 돌아봐.

찬찬히 내 행동을 돌아봐.

같은 실수를 하지 않게 돼.

같은 실수를 하지 않게 돼.

이번 생일에는
꼭 놀이공원에 가야지!

희망에 차 있어.

희망은 바라는 일이 꼭 이루어질 거라는 믿음이야.

'방학이 되면 여행을 갈 거야.'

'방학이 되면 여행을 갈 거야.'

희망을 품어 봐.

희망을 품어 봐.

오늘부터 기분이 좋아.

오늘부터 기분이 좋아.

꼭 이루어 낼 힘도 생겨나지!

꼭 이루어 낼 힘도 생겨나지!

글 이라일라
어린이의 마음이 성장하는 데 도움을 주고 싶어서 관련된 어린이책을 쓰고 기획하고 있어요.
매일 찾아오는 감정들과 힘들게 맞서지 않고 부드럽고 사이좋게 지내는 방법을 찾는 게 취미랍니다.
쓴 책으로 《너에게 주는 말 선물》, 《살 만하냐고 묻는 짓은 바보 같은 일일 거야(공저)》가 있고,
옮긴 책으로 《물결 속에서》, 《말릴루의 비밀 노트》가 있어요.

그림 박현주
대학에서 조소를 공부하고, 단편 애니메이션 작업을 했어요. 지금은 아무도 춥지 않은 세상을 바라며
두 아이의 엄마로, 그림책 작가로 살아가고 있답니다.
쓰고 그린 책으로 《이까짓 거!》, 《비밀이야》, 《나 때문에》, 《안녕하세요? 우리 동네 사장님들》 등이 있고,
그린 책으로 《내 차를 운전하기 위해서는》, 《내 꿈은 조퇴》, 《욕 천재의 비밀》 등이 있어요.

파스텔 창조책 07

감정에 이름 을 붙여 봐 따라 쓰기

초판 1쇄 발행 2025년 9월 17일 **글** 이라일라 **그림** 박현주 **기획편집** 최문영 **교정** 이소정 **디자인** 윤현이 **제작** 공간
펴낸이 최문영 **펴낸곳** 파스텔하우스 **출판등록** 제2020-000247호(2020년 9월 9일) **주소** 04038 서울특별시 마포구 잔다리로 48, 3층
전화 02-332-2007 **팩스** 02-6007-1151 **이메일** pastelhousebook@naver.com **ISBN** 979-11-94098-06-5 73810

글 © 이라일라 그림 © 박현주 2025